AF273940

Ginés Reche
CUANDO EL TIEMPO

EL BARDO/63 –Cuarta etapa–
Colección de poesía

Cualquier forma de reproducción, distribución, comunicación pública o transformación de esta obra solo puede ser realizada con la autorización de sus titulares, salvo excepción prevista por la ley. Diríjase a Cedro (Centro Español de Derechos Reprográficos, www.cedro.org) si necesita fotocopiar o escanear algún fragmento de esta obra.

© Ginés Reche
© Los Libros de la Frontera
   (Jörg K. Eisenblätter, editor)
   Calle Amargura, 39
   Villanueva de Córdoba, 14440 (Córdoba)
   T. 957 039 166 - 645 808 267
   librosfrontera@yahoo.es
   www.librosfrontera.com

Diseño de la colección: Ferran Fernández

Maquetación: www.errataloca.es

Primera edición: septiembre de 2024
ISBN: 978-84-8255-259-0
Depósito legal: J 348-2024
Impreso en ESTUGRAF

www.librosfrontera.com

A los que son en mí: tiempo, amor y vida

PRÓLOGO
El tiempo y su desván

Desconfío de los prólogos. Salto sobre ellos. En ocasiones los leo, después de leer el libro, para cerciorarme de las majaderías que escribimos los que los hacemos.

Los libros de poesía no los necesitan. El lector no precisa que nadie, ni el mismo autor, le desmigaje las particularidades de un poema. La interpretación propia es un hermoso ejercicio de poder y connivencia.

Por eso no voy a cansarles. En las siguientes líneas no hallarán ustedes estudio ni análisis ni zarandajas. Quien no esté interesado en conocer mi opinión de *Cuando el tiempo* de Ginés Reche, no siga leyendo. Salten la página. Vayan a lo mollar. Lo interesante está más adelante.

Les diré que tal vez conocí a Ginés a principios de los noventa. Oria y Almería nos oyeron hablar de poesía algunas tardes y, desde entonces, casi no hablamos de otra cosa. Él era treinta años más joven que ahora y yo ni me acuerdo de la edad que tuve. También les diré lo que me sugiere y me gusta en este libro.

A Ginés Reche le importa un bledo eso que llaman *el significante*, si la relación con el significado no es clara y directa. No tiene necesidad de experimentar con el estilo ni con la estructura. Escribe lo que quiere, como quiere y puede. Hace poemas que cuentan historias, sucesos, circunstancias o estremecimientos. Comparte reflexiones y temores. Mide sus versos, porque los prefiere impares. Su técnica es sencilla, franca, accesible, pero cuidada. No nos reta. No estira el chicle. Tiene claro lo que quiere decir, sabe decirlo y lo muestra al lector sin astucias ni amaños, sin virtuosismos presuntuosos, respetuosamente.

Utiliza, poco, la ironía; nunca, la parodia o el exceso. La intertextualidad explícita o implícita es siempre considerada. Su relectura de la tradición literaria es honesta. No hace trampas. No desafía ni subestima al lector. No tiene espíritu didáctico. No siente la obligación de revivir a Horacio en los finales de sus poemas; al contrario, deja que Baudelaire y Vallejo se asomen en alguno de ellos. Lo útil también es sugestivo. Hurga en el lenguaje, pero no lo manipula.

Ginés no va de especialista. No desconoce el dominio del ritmo, la métrica, la disposición gráfica, la prosodia, como Darío o Mallarmé, pero no alardea. No se hace el interesante, como un mal Rimbaud, no juega a parecer hermético; no deliberadamente. Prefiere un lector activo, que improvise, que llene los vacíos del texto poético cuando sea ineludible.

Es sabedor del contexto cultural e histórico en el que escribe. Ha leído más que cualquiera. Ha digerido lo leído. Es de los pocos poetas que conozco que siguen comprando y leyendo libros. No es de extrañar que su poesía parta del conocimiento de la realidad, tanto como de sí mismo.

Y, por supuesto, es subjetivo. Faltaría más. Sus poemas están centrados en lo particular. Su memoria es personal. Cuando habla de la infancia no es de una infancia perdida literaturizada. Cuando habla de la familia, de la persistencia del recuerdo, de la consideración del tiempo —el puto sobrevenirse del tiempo, su jodida caducidad: *Del tiempo huye lo que el tiempo alcanza* de Lope; *Soy un fue, y un será, y un es cansado* de Quevedo; *Sed fugit interea, fugit irreparabile tempus…* (Pero mientras tanto huye, huye el tiempo irremediablemente…) de las Geórgicas de Virgilio)— o de las complejidades e iluminaciones del amor podemos creerle, porque sabe de lo que habla y habla de lo que sabe, como muchas veces hizo Gil de Biedma.

Es un poeta de la experiencia; sí, de la suya, de su experiencia individualísima. Sin complejos. Sin dogmatismos. Sin líneas rojas. Sin deudas con el *establishment* ni con un canon poético —lleno de trampantojos— determinado. Su yo poético no necesita semáforos ni rascacielos ni haber viajado a Brooklyn o Nueva York.

Ginés Reche no es un poeta ñoño ni convencional. No es frío, pero tampoco se regodea en lo sentimental. No saborea sus miserias. Como su lector, agradezco que ponga distancia con las trilladas miasmas del corazón, que suenan tan impostadas en tantos poetas de nuestra aldea literaria. Sabe que es comprometido escribir poesía en un mundo apático. Los impostores están al acecho. Malandrines y follones siempre salen al encuentro.

Cuando el tiempo es un libro confesional, autobiográfico y, por eso mismo, temerario. En sus 44 poemas, ordenados en tres partes —*cuando el tiempo, cuando el amor, cuando la vida*—, Ginés Reche explora la angustia del paso del tiempo —los tiempos—: *El peso de las horas / en un ritual vacío.* Lo hace con múltiples estrategias. A través de la metáfora del reloj, como García Lorca, desgrana versos —*tiempo cayendo*— como granos de arena. Cada grano que cae nos acerca a la vejez y a la muerte inevitables: *Amigos / y familiares se nos van cayendo, / como hojas.* El deseo que nos hace humanos, el amor y su luminosa paranoia, la percepción de transitoriedad son testimonio de la exploración íntima de la conciencia, crónica vehemente de una vida que

10

terminará por acabarse: *El mundo va a estrellarse / por nosotros.* Su mirada es íntegra y agradecida, sin más artificio que el imprescindible dentro del género. Su palabra está llena de sentido común, de madurez, de inteligencia y enjundia: *me despediré, pero en ti, / vientre de mi palabra, / la vida sigue.*

El lector, si quisiera, encontraría en este libro —el óxido del tiempo deja su huella sobre lo efímero y lo eterno, lo sabemos— un espejo emocional que puede contribuir a que nos formulemos nuevas perspectivas sobre las complejidades y la incertidumbre de la existencia. Y esto no es cosa poca en los tiempos que vivimos.

No puedo asegurarles que la poesía de Ginés Reche sea verdad, si en ella no hay hipocresía o fingimiento, si todo lo que cuenta es real, pero a mí me lo parece. Me la creo. *...es día de mercado, / el mes sigue avanzando / como el sol avanza en una era / de habas y judías.* Hace que yo sienta cosas. Me hace pensar en mí. Me ayuda. Incita mi memoria: *Somos el tiempo / y somos su desván.* Me mete prisa, como Jorge Guillén: *Pasa el tiempo y suspiro porque paso.* Aguijonea mi avidez. Ofrece solidaridad a mis miedos. Me sugiere escapatoria. Hace que quiera vivir más.

Francisco Domene
Baza, junio, 2024

SIN CONCESIÓN

El tiempo
que estrenamos tú y yo
es un carruaje con los últimos
avances
de la felicidad, y tan veloz
como una gacela o una tortuga,
por igual, según el momento
y según el destino.

El tiempo
que estrenamos tú y yo
es la rama que ha dado las respuestas
en días soleados
o los pájaros que inauguran
el árbol en las noches
de invierno,
por igual, según el encuentro
y según el destino.

El tiempo
que estrenamos tú y yo
es nuestra vida más que confirmada.
El amor, sin ninguna concesión.

CUANDO EL TIEMPO

Tu hogar es siempre el tiempo que te falta.
Raquel Vázquez

El tiempo borra al tiempo.
Pedro Salinas

TIEMPO QUE TE NOMBRA

A Ana Reche Sola

Cuando el tiempo te nombra,
cada paso nos dice
lo poco que anduvimos:
unas cuantas veredas
descifradas en barro.

Cuando el tiempo te nombre,
sabremos el recuento
de andar hacia atrás.

Cuando el tiempo te nombra,
la vida tiene casa propia
en tus abrazos;
      frío, afuera.

ESTACIONES COMUNES

Para mi reina Tango Quebec

También en esta primavera,
pájaros
que vuelan de tus ojos.

Unos rayos del sol
cruzarán los cristales
a traerte verano.

Viviré en tu estación otoño,
invernaré en tus brazos.

DESPLOME DE OTOÑO

Estás hecha de días,
de noches,
de fragmentos de luz,
de susurros viajando
a su hemisferio.

Cada montaña
crece con la sospecha
del árbol centenario.
Un gajo de naranja
exprime el huerto entero.

El otoño, la ausencia:
tibieza triste,
alcance de silencio.

Estás hecha de días,
de noches,
de la tierna ceguera.

Cuerpo a cuerpo —los nuestros—
se edifica la nada.

A NINGUNA PARTE

Horizonte pausado,
mínimo amanecer.

Sobre tus brazos
nunca queda resquicio de la noche
como si fueras todo luz,
como si fueras todo lo posible
que deja el fondo de la luna.

Por el camino
que existe y no existe en las pisadas
con huella, andar, andar
contigo huyendo.

RELOJ DE ARENA

El peso de las horas
en un ritual vacío.
Ser un recipiente.

Entre tú y yo,
la arena del reloj:
tiempo cayendo,
vida,
reincidencia.

DEMORA

Vivimos
la intensidad del último segundo.

Discrepamos
las palabras que nunca se dijeron.

El silencio le da textura
a la piel y amanece.

Cumplir
con el destino que ya no nos cree.

Es mi mundo de locos.

TIEMPO Y DESEO

Como hiedra que poco a poco
va enraizando en el muro,
tus días
enraízan en mi vida.

En el tiempo todo es frágil deseo.
Ya ves cómo al final acaba todo.

(La vida nos agrieta. Nunca
el derribo de un muro
cerró tantas fronteras.)

DISCIPLINADA INMORTALIDAD

En grandes monumentos
rubrica el tiempo
su disciplinada inmortalidad.

Todo o nada
en mármol,
en memoria,
en suspiros.

Todo o nada
se juran nuestros ojos,
eternidad al fin.

A NADO
(Tres haikus de agua)

Abres los brazos,
el tiempo nos proclama
olvidos sabios.

El calor viene,
el verano, una lluvia
seca y precisa.

Haré los puentes,
después de haber cruzado
a tus orillas.

LIDI BANK

Templo o tiempo:
el reverso de Dios,
el revés de ella.

SOMOS

Somos el tiempo
y somos su desván,
sus tomas falsas.

Somos la esquina
que nos esquiva.

Somos el traje equivocado,
el error de vivir en zapatillas,
siempre corriendo,
tarde, temprano, a tiempo.

HUBO TIEMPO

Si hubiera tiempo, el tiempo
podría ser un mar
y los días, las olas.
Idea Vilariño

Y vivir una breve eternidad.

Mar inmenso,
agua salada,
lejanos días.

Hubo también
olas que agonizaban.

TASACIÓN

El trayecto de un tiempo
adoptado,
         o secuestrado,
será muy relativo.

Lo veo cada noche
en la luz que nos alza
a tasar la ceguera
de nuestros cuerpos.

Y siempre se repite
el mismo vagón de irse,
romperse,
descarrilar.

MUDANZA

Recuerda la mudanza
del tiempo,
      tallos plenos
de savia a hojas pálidas.

Nacer, crecer y estar
contigo,
morir.

SIN TREGUA

Para pudrir palabras y raíces
el amor deja su pasto en señal.

Supura con el nuevo
día de sol la herida que dispara
otra forma de ti,
otra interpretación de mí.
El amor ciega a media luz.

Si toda la tristeza está invertida
en despedazar todos los recuerdos,
no hay alivio que calme
tu presencia ya en alas.

Aunque el tiempo no deje de insistir
que somos su aleteo.

CUANDO EL AMOR

El amor es el espacio y el tiempo por el corazón.
Marcel Proust

... con amor necesario;
y así saberme digno del sueño de la vida.
Francisco Brines

CESTA DE PIÑAS

Con invierno en las venas
se planta un bosque en nuestro corazón.

Maduran frutos
silvestres en mi boca.

Y sestea en tus ojos
la luz de su semilla.

Y te preguntas,
¿qué incertidumbre golpea a un cuerpo,
si el tiempo lo hace fértil
en cada tacto,
            en cada lluvia?

La respuesta,
en mi cesta de piñas.

AVENA EN EL TRIGO

Ya libre de barbecho,
nadie vence.
Ya libre de cosecha,
nadie vence.

Que
mañana, que pasado
mañana, que pasado
por venir,
tú, mi avena en el trigo.

CONFUSIÓN

Cada gota resbala
por la piel en su fruto. La pureza

del instante, porque hemos olvidado
los días de sol, los días de sombra,
la luz mojada,
los húmedos lenguajes.

Y perdimos el tiempo
abrazados al último relámpago.

ETERNA RECREACIÓN

Adentro de tu piel,
la masa muscular
sube el latido
y tus venas
nos resumen
el compromiso de la sangre.
El trasero,
el ritmo,
la danza,
el equilibrio de los dedos.
La espalda,
la vecindad y el campo,
el ensayo,
la tierna confusión,
los ojos,
los susurros,
la boca,
las deshoras,
las manos que hablan
por los dos,
con sus cincos sentidos.

La cabeza, el perdido callejero
de miradas,
el sabio corazón:

se hace
el esqueleto, el tacto,
el sueño, el nombre;

tu nombre
—anatomía siempre repasada—,
la eterna recreación.

CRUZAR LA FRONTERA

El suspiro fugaz,
el pájaro,
el permanente instante

que humedece a los árboles,
y añade a nuestra piel
hierba mojada.

Te detengo en la lluvia.

TIEMPO CONTIGO

Quise que fuera el roce
de las horas perdidas.
Quise que fuera
el tiempo malgastado.

Caerme en tus labios
y celebrar en ti, contigo,
y equivocarnos.

Enjuagué la mentira
de lo perfecto
con el angelical beso de nadie.

QUE SILENCIE LA SOMBRA

La casa se deshace
bajo el peso del tiempo.
Inma Pelegrín

Es necesario un largo abrazo,
es necesario un cuerpo,
—tu cuerpo, nuestros cuerpos—,
es necesaria la palabra
que silencie la sombra.

Para existir
apagamos el tiempo
en un juego.

Y fue tanto el olvido,
que se deshace el barro
antes de crear la primera forma,
antes de darle forma
a la sonrisa,
ese primer indicio de olvidarnos.

OTRA DEBILIDAD

Las sílabas del vino
brindan con versos.

Nadie pronosticó
en esta fiesta —donde nuestros labios
predicen el poema—;

cada vid,
cuántos sorbos encierran
el amor aún ciego con el mosto.

COSECHA

Hagamos tiempo
para que los abrazos tengan
su denominación de origen.

Recolectemos besos
de esta buena cosecha.

Vendimiémonos.

Hasta el último sorbo,
bebámonos.

EL FRUTO ELIGE

Con la edad es más grave
el exceso de invierno.
Rosario Troncoso

Un día me dijiste:
el fruto elige un poco de calor.

A fuego lento,
a mordisco preciso,
allí estaba también otro verano.

Con la edad es más grave
el exceso de invierno:
que el calor remansado
nos refugie de todos nuestros fríos.

EN FUGA

En cada amanecer arde la brisa,
arriba.

El fondo de tu mar,
el son de mi hundimiento.

Siempre encuentras tesoros
en ese naufragio.

Empobrecido llegué a nuestra isla,
me esperaba allí dentro
el bosque ya maduro
en un abrazo.

Las miradas, la vida,
el corazón en fuga,
patria de fondo, arriba.

SENTENCIA

Nuestra piel va arrugándose
por la sentencia de lo ya vivido.

Palpo cada momento
como enjambre que se rinde a su reina
y en el tronco del árbol
nos oculta su miel.

Estos años se llevan por delante
la obligación y la costumbre,
en cada plenitud,
en cada nieve ajena al frío.

Pero nunca el soñar en pleno sueño
para perder el miedo.

ENTENDÍ SU BELLEZA

Más allá de tus palabras conmigo,

el instante,
la verdad,
las flores amarillas,
ese miedo.

Es posible que nos hayamos
equivocado.

Y retener el tiempo
no la esperanza.

Porque vivir en ti
es mi muerte perfecta.

RESIGNACIÓN

Con la resignación
de ir corriendo detrás del tiempo siempre,
de cuando el amor viene deshaciéndose.

Con resignación llevo las arrugas,
los huesos que no cesan de doler,
el corazón que duele.

Ya sé que moriré por ti.

CUANDO LA VIDA

... amar es afirmar
la vida hasta en la muerte.
Georges Bataille

No dividí mi vida en días,
sino mis días en vidas,
cada día, cada hora, toda una vida.
Juan Ramón Jiménez

QUÉ ALEGRÍA, VIVIR

Qué alegría, vivir
sintiéndose vivido.
Pedro Salinas

Amor al que te rindes,
páginas sepias
que envejecen contigo,
palabras que te alientan
hacia la nada, nada.

Mil historias,
demasiados augurios, cien olvidos,
sólo una vida
para perdernos y encontrarnos.

A corazón adentro,
qué alegría vivir,
ya los dos en los dos,
    ahora.

Y AMÉ

Y todo lo que hiere, siembra.
Y en la última semilla
nuestro dolor calculo.

Te tuve, me tuviste:
carne viva y vacío.

Quizás
para
regresarte,
tanto, todo el silencio.

Barbecho de esperanza,
todo lo que hiere, siembra.

Y ahí busco la vida.

INCERTIDUMBRE

El parral de mi casa
dormía a los gorriones
cansados de volar.

Ahora alberga un templo
a la melancolía.
Las hojas se desprenden en silencio.

El parral de mi casa
veía a los gorriones
cansados de volar.

Fuimos la vida misma.

HOGUERA

He encendido una hoguera
con esos documentos
que han peritado parte de mi vida
(...facturas,
saldos de cuentas,
recibos de luz y agua
y tus cartas de amor).

En forma de protesta
se han adherido, en forma
de dios y ángel
y arcángel y su prójimo.
Se resiste a arder.

No quieren extinguirse.
Sólo en unos segundos,
toda la vida.

Nunca me imaginé
atizando a mis ascuas,
a mis propias cenizas,
nunca.
      Nunca.

DE MIS GENERACIONES

A mi sobrina Alba

Desembocan en mis abrazos,
en mi palpitar, en mi corazón,
todos mis ríos y todas mis venas,
toda la envergadura
de mis generaciones,
toda la vida que el tiempo transciende.

La infancia anciana lleva
el halda de mi abuela,
el refugio seguro ante el insulto.

Mis padres ensancharon
el cauce de aquel río,
que bajaba de la montaña
nevada. Y por el aire
van nuestras blancas alas
a salvar toda aquella vanidad,
el dulce vuelo
de haber nacido,
de haber vivido.

Agradezco las vidas.

ALBA

Amanecerte en Alba, en clave
de sueños, en orgullo.

Cuando el tiempo formula
su andanza de mañana,
hallo el día

en ti. La vida y tú,
tanto futuro.

Y ahí tú desafías
al héroe,
de ese cómic que guardas.

Amanecerte luz.
Y contigo me aferro.

JUGUETES

Entristece,
duele
el tiempo,
su paso
y mi abismo.

Mi perra Lúa
juega con su pelota
y su artrosis,
sorprendida por la vejez.

Amigos
y familiares se nos van cayendo,
como hojas.

El tren avanza
hacia el final
o al descarrilamiento.

Un árbol,
un juguete,
la vida.

LA PRIMERA MANO

A Josefa y Ginés, mis abuelos

Tanta alegría fueron estas casas,
tanta vida
en tarde de placeta.

En cada ruina,
en cada derrumbe,
en cada silencio
el óxido del tiempo.

En la primera mano
untada ya de cal,
comencé
a agradecer mi vida.

A DOS MUNDOS

A José Luis Masegosa

I

El tiempo vuela,
dicen,
como el rayo,
cruza el palacio
con alfombras, está
en los bolsillos
y los cheques bancarios,
en el corazón más aristocrático.

Nada como sentir
la realidad
de este latido a pie.

II

La patera del tiempo
cruza el mar
con destino a mi orilla.

La ausencia clandestina
de los abrazos de plato caliente,
ese futuro de todos los días,
el dolor, el absurdo.

El mundo va a estrellarse
por nosotros, hermano,
en el fondo del mundo.

DICHO EN RESUMEN

A Ingrid Chimbí y Paco Domene

Hoy es domingo,
es día de mercado,
el mes sigue avanzando
como el sol avanza en una era
de habas y judías.

Hoy es domingo,
es día de mercado.

LA APUESTA

El mañana,
que pone a prueba
el presente, obedece
a sus medidas de memoria,
a su lectura de vida y de muerte,
a su rescoldo en la noche marcada.

El mañana,
que abre la esperanza hasta al más necio,
reconstruiría el sueño
de la noche más necia.

El mañana
con que ganarle la verdad
a la mentira.

CADA SEGUNDO

A Antonio G. Soler

Como la sombra de una vida,
como un invierno y su intemperie,
como este vaso roto por la escarcha
en cada poro,

ahora, ya contigo,
estamos en las páginas
en blanco de este libro.

LA BREVEDAD

La vida estrena traje de domingo
cuando acumula
ya el cansancio del lunes.

No hay razones
que puedan explicar
los harapos que viajan
de un corazón a un martes,
de un viernes a un adiós.

Todo es breve.
En el séptimo día
existirás
y nos olvidaremos.

LLUVIA SOLEADA

Y yo me iré. Y se quedarán los pájaros cantando.
Juan Ramón Jiménez

No sé con qué caudal
nos recibirá el tiempo
mañana.

No sé con qué epitafio
me despediré, pero en ti,
vientre de mi palabra,
la vida sigue.

DESNUDO EN INTEMPERIE

No perdamos el tiempo
mirando
debajo de las piedras.
Alacranes acechan.

Esquiva el aguijón
cada vez que transformes
el desnudo
en intemperie,
en noche la mañana.

EPÍLOGO
Unas palabras sobre Ginés Reche

Es fácil para mí, que no suelo olisquear en vidas ajenas, seguir el dictado evangélico de que por las obras nos conoceremos. Las obras con propósito de publicidad, se entiende.

Especialmente pública es mi relación con Ginés Reche, y tan breve como intensa de afecto. Nos conocimos en su pueblo, a donde fui invitado para un encuentro de poetas. Oria está lejos de cualquier centro mayor mundano, casi a igual distancia de Almería, Granada y Murcia, bellamente instalada en la sierra de las Estancias. De mi estancia en el pueblo me brotó un poema al que pertenecen estos versos:

Ésta es la marca:
Pasear con las copas en las manos
por las fronteras de la sed,
[...]
mientras suena la fuente bajo el plátano
y alguien entre sus aguas pierde el alma.

Perdía su alma Ginés Reche por atender a los demás, que estábamos a cada cual lo suyo. Lo mío era mirar y oír y recordar, para aplicárselas a Ginés, las palabras de un crítico musical italiano que, asombrado ante Bellini, no se explicaba cómo en cuerpo tan pequeño cabía tan grande alma música. Algo así me pasó con Ginés. No puedo olvidar su fervor evocando el generoso señorío de Enrique Badosa y esperando la deseada visita de José Hierro mientras se desvivía por que todos los presentes estuviéramos bien y callaba con pudor sus poemas.

Poemas que, por fin, he conocido. No sé qué habrá visto en mí para pedirme unas palabras de compañía. Quizá porque ha presentido en mí un corazón fraterno. Fraterno no significa idéntico. ¿Podría suponer Ginés Reche el estremecimiento que me dio su primera línea: «*A los que son en mí: tiempo, amor y vida*»? No, imposible, nunca hemos hablado de nuestros trabajos. El mío, como profesor de Métrica (quizá condicionado por Francisco Domene que habla de la tendencia de nuestro poeta al verso imparisílabo), me llevó a leer la línea como un endecasílabo contracadente, la hermosa frase melódica compuesta de dos unidades que se contrastan en la juntura de sus acentos y que es rasgo propio de grandes intuitivos. Compárese lo que escribe Reche:

A los que son en mí: tiempo, amor, vida

con lo que escribió Claudio Rodríguez, primer verso del primer poema de su primer libro:

Siempre la claridad viene del cielo

y se notará el bello efecto de yuxtaponer las sílabas 6 y 7, tónicas ambas, y cómo la materia sonora le permite a Rodríguez sugerir el entusiasmo y a Reche susurrar la intimidad antes de cometer otra juntura en 9-10… Pero no, me doy cuenta de que he falseado sus palabras, la frase tiene 12 sílabas y la conjunción evita más choques acentuales; me cegaron mis hábitos lectores. Y entonces, por caso de cerebración inconsciente, evoqué a Rubén Darío:

Vida, luz y verdad, tal triple llama
produce la interior llama infinita.

Triple llama en el maestro de grandes sonoridades, desplegadas selvas y ecos olímpicos frente a la humilde brasa de Ginés que apenas alza su llama, triple también, consonando en vida, afirmándose en la luz de la conciencia del tiempo y en la verdad del amor. Fray Luis de Granada nos enseñó que la grandeza del Creador se manifiesta con la misma maravilla en la enormidad de la abada que en la pequeñez de la abeja. Y yo, que sigo deslumbrado con Rubén Darío, paladeo con fruición las mieles de Ginés Reche.

Antonio Carvajal

ÍNDICE